Impressum
Verlag: BABADADA GmbH, Nedderfeld 112 , 22529 Hamburg
Geschäftsführer / Verlagsleitung: Harald Hof
Druck: Books on Demand GmbH, In de Tarpen 42, 22848 Norderstedt

Imprint
Publisher: BABADADA GmbH, Nedderfeld 112 , 22529 Hamburg, Germany
Managing Director / Publishing direction: Harald Hof
Print: Books on Demand GmbH, In de Tarpen 42, 22848 Norderstedt, Germany

除
dividir

186/2

黑板
quadro

教室
sala de aulas

校园
pátio da escola

老师
professor

纸
papel

书写
escrever

钢笔
caneta

办公桌
escrivaninha

直尺
régua

书
livro

学生
aluno

书包

sacola

铅笔盒

estojo de lápis

铅笔

lápis

卷笔刀

apontador de lápis

橡皮擦

borracha

画板

bloco de desenho

图画
desenho

画笔
pincel

颜料盒
estojo de tintas

剪刀
tesoura

胶水
cola

练习册
livro de exercícios

家庭作业
lição de casa

数字
número

加
somar

减
subtrair

乘
multiplicar

计算
calcular

字母
letra

ABCDEFG
HIJKLMN
OPQRSTU
VWXYZ

字母表
alfabeto

字
palavra

课文

texto

读

ler

粉笔

giz

上课

hora

登记

registro da classe

考试

exame

证书

certificado

校服

uniforme escolar

教育

educação

百科全书

enciclopédia

大学

universidade

显微镜

microscópio

地图

mapa

废纸筐

cesto de lixo

酒店
hotel

青年旅社
albergue

外币兑换处
casa de câmbio

手提箱
mala

汽车
carro

语言
idioma

是/否
sim / não

好的
ok

您好
Olá

翻译员
tradutor

谢谢
obrigado

……多少钱？

quanto custa...?

我不明白

eu não entendo

问题

problema

晚上好！

boa noite!

早上好！

Bom dia!

晚安！

Boa noite!

再见

até logo

方向

direção

行李

bagagem

包

bolsa

双肩包

mochila

客人

convidado

房间

quarto

睡袋

saco de dormir

帐篷

barraca

旅游信息

informação turística

海滩

praia

信用卡

cartão de crédito

早餐

café da manhã

午餐

almoço

晚餐

jantar

票

bilhete

电梯

elevador

邮票

selo

边界

fronteira

海关

alfândega

大使馆

embaixada

签证

visto

护照

passaporte

交通运输
transporte

飞机
avião

船
navio

消防车
carro de bombeiros

卡车
caminhão

公交车
ônibus

汽艇
barco a motor

汽车
carro

自行车
bicicleta

摆渡船

balsa

小船

barco

摩托车

motocicleta

警车

veículo policial

赛车

carro de corrida

租车

carro de aluguel

拼车
compartilhamento de
automóvel

拖车
caminhão de reboque

垃圾车
caminhão de lixo

发动机
motor

汽油
combustível

加油站
posto de gasolina

交通标志
placa de trânsito

交通
trânsito

交通堵塞
trânsito lento

停车场
estacionamento

火车站
estação de trem

轨道
trilhos

火车
trem

电车
bonde

货车
vagão

直升机

helicóptero

机场

aeroporto

塔

torre

乘客

passageiro

集装箱

contêiner

纸板箱

cartolina

手推车

carroça

篮子

cesto

起飞/降落

decolar / pousar

城市

cidade

村庄

vilarejo

市中心

centro da cidade

房子

casa

电影院
cinema

广告
propaganda

路灯
iluminação de rua

街道
rua

出租车
taxi

行人
pedestre

小吃店
quiosque

人行道
calçada

十字路口
cruzamento

斑马线
faixa de pedestres

垃圾箱
lixeira

红绿灯
semáforo

小屋

cabana

公寓

apartamento

火车站

estação de trem

市政厅

prefeitura

博物馆

museu

学校

escola

大学

universidade

银行

banco

医院

hospital

酒店

hotel

药房

farmácia

办公室

escritório

书店

livraria

商店

loja

花店

floricultura

超市

supermercado

市场

mercado

百货商店

loja de departamentos

鱼店

peixaria

购物中心

centro comercial

海港

porto

公园
parque

长凳
banco

桥
ponte

楼梯
escadas

地铁
metrô

隧道
túnel

公交车站
ponto de ônibus

酒吧
bar

餐馆
restaurante

邮筒
aixa de correspondência

路标
placa de rua

停车计时器
parquímetro

动物园
zoológico

游泳馆
piscina

清真寺
mesquita

农场
fazenda

污染
poluição

墓地
cemitério

教堂
igreja

操场
parquinho

寺庙
templo

地形
paisagem

树叶
folha

指示牌
placa de sinalização

路
caminho

草地
gramado

石头
pedra

树
árvore

徒步旅行者
caminhantes

河
rio

草
grama

花
flor

峡谷 vale	山 montanha	湖 lago
森林 floresta	沙漠 deserto	火山 vulcão
城堡 castelo	彩虹 arco-íris	蘑菇 cogumelo
棕榈树 palmeira	蚊子 mosquito	苍蝇 mosca
蚂蚁 formiga	蜜蜂 abelha	蜘蛛 aranha

甲虫

besouro

青蛙

sapo

松鼠

esquilo

刺猬

ouriço

野兔

lebre

猫头鹰

coruja

鸟

pássaro

天鹅

cisne

野猪

javali

鹿

veado

麋鹿

alce

水坝

barragem

风力发电机

aerogerador

太阳能电池板

painel solar

气候

clima

服务员
garçom

菜单
menu

椅子
cadeira

汤
sopa

披萨饼
pizza

餐具
talheres

桌布
toalha de mesa

前菜

entrada

主菜

prato principal

甜点

sobremesa

饮料

bebidas

食物

comida

瓶子

garrafa

快餐

fastfood

街边小吃

comida de rua

茶壶

bule de chá

糖盒

açucareiro

一份饭菜

porção

意式咖啡机

máquina de expresso

高脚椅

cadeirão

账单

conta

托盘

bandeja

刀

faca

餐叉

garfo

勺子

colher

茶匙

colher de chá

餐巾

guardanapo

玻璃杯

copo

碟子

prato

汤盘

prato de sopa

碟子

pires

酱

molho

盐瓶

saleiro

胡椒磨

moedor de pimenta

醋

vinagre

食用油

óleo

调味料

especiarias

番茄酱

ketchup

芥末

mostarda

蛋黄酱

maionese

特价
oferta especial

顾客
cliente

乳制品
laticínios

购物车
carrinho de compras

水果
frutas

肉铺

açougue

面包房

padaria

称重

pesar

蔬菜

legumes

肉

carne

冷冻食品

congelados

冷盘

charcutaria

罐头食品

conservas

洗衣粉

detergente em pó

甜食

doces

日用品

artigos domésticos

清洁用品

produtos de limpeza

销售员

vendedora

收银机

caixa

收银员

caixa

购物清单

lista de compras

开放时间

horário de funcionamento

钱包

carteira

信用卡

cartão de crédito

袋子

sacola

塑料袋

saco plástico

超市 - supermercado

水

água

果汁

suco

牛奶

leite

可乐

coca-cola

红酒

vinho

啤酒

cerveja

酒

álcool

可可

cacau

茶

chá

咖啡

café

意式浓缩咖啡

expresso

卡布奇诺

cappuccino

香蕉

banana

苹果

maçã

橙子

laranja

西瓜

melão

柠檬

limão

胡萝卜

cenoura

大蒜

alho

竹子

bambu

洋葱

cebola

蘑菇

cogumelo

坚果

nozes

面条

macarrão

意大利面条

espaguete

米饭

arroz

沙拉

salada

薯条

batatas fritas

炸土豆

batatas frias

披萨饼

pizza

汉堡包

hambúrger

三明治

sanduíche

炸猪排

escalope

火腿

presunto

萨拉米

salame

香肠

salsicha

鸡肉

galinha

烤肉

assado

鱼

peixe

燕麦片

flocos de aveia

穆兹利

granola

玉米片

flocos de milho

面粉

farinha

羊角面包

croissant

面包卷

pãozinho

面包

pão

烤面包

torrada

饼干

biscoitos

黄油

manteiga

凝乳

requeijão

蛋糕

bolo

蛋

ovo

煎蛋

ovo frito

奶酪

queijo

冰激凌

sorvete

糖

açúcar

蜂蜜

mel

果酱

geleia

巧克力酱

creme de avelãs

咖喱饭

curry

农舍
casa de fazenda

粮仓
celeiro

稻草捆
fardo de palha

田野
campo

马
cavalo

拖车
reboque

马驹
potro

拖拉机
trator

驴
burro

羊
ovelha

羔羊
cordeiro

山羊

cabra

奶牛

vaca

牛犊

bezerro

猪

porco

小猪

leitão

公牛

touro

鹅

ganso

鸭

pato

小鸡

pintinho

母鸡

galinha

公鸡

galo

鼠

ratazana

猫

gato

老鼠

camundongo

牛

boi

狗

cachorro

狗屋

casinha do cachorro

花园浇水软管

mangueira de jardim

洒水壶

regador

长柄大镰刀

foice

犁

arado

镰刀
foice

锄头
enxada

长柄草耙
forquilha

斧头
machado

独轮手推车
carrinho de mão

饲料槽
manjedoura

牛奶罐
jarra de leite

麻布袋
saco

栅栏
cerca

马厩
estábulo

温室
estufa

土壤
solo

种子
semente

肥料
fertilizante

联合收割机
colheitadeira

收割

colher

收割

colheita

山药

inhame

小麦

trigo

大豆

soja

土豆

batata

玉米

milho

油菜籽

colza

果树

árvore frutífera

树薯

mandioca

谷物

cereais

烟囱
chaminé

屋顶
telhado

落水管
calhas de chuva

窗户
janela

车库
garagem

门铃
campainha da porta

门
porta

垃圾桶
lata de lixo

信箱
caixa de correspondência

花园
jardim

客厅
sala de estar

浴室
banheiro

厨房
cozinha

卧室
quarto de dormir

儿童房
quarto de criança

餐厅
sala de jantar

地板
chão

墙壁
parede

吊顶
teto

地窖
porão

桑拿
sauna

阳台
varanda

露台
terraço

游泳池
piscina

割草机
cortador de grama

被单
lençol

床罩
coberta

床
cama

扫帚
vassoura

水桶
balde

开关
interruptor

壁纸
papel de parede

照片
quadro

台灯
lâmpada

搁架
prateleira

橱柜
armário

壁炉
lareira

电视机
televisão

花
flor

垫子
travesseiro

花瓶
vaso

沙发
sofá

遥控器
controle remoto

地毯

tapete

窗帘

cortina

餐桌

mesa

椅子

cadeira

摇椅

cadeira de balanço

扶手椅

poltrona

书
livro

毯子
cobertor

装饰品
decoração

木柴
lenha

电影
filme

高保真音响
equipamento de som

钥匙
chave

报纸
jornal

油画
pintura

海报
pôster

收音机
rádio

笔记本
bloco de notas

吸尘器
aspirador

仙人掌
cacto

蜡烛
vela

冰箱
geladeira

微波炉
microondas

厨房秤
balança de cozinha

洗洁精
detergente

烤面包机
tostadeira

烤箱
forno

冰柜
freezer

垃圾桶
lata de lixo

洗碗机
lava-louças

炊具
fogão

锅
panela

铸铁锅
panela de ferro

炒锅
wok / kadai

平底锅
frigideira

水壶
chaleira

蒸锅

panela a vapor

烤盘

tabuleiro de forno

陶瓷锅

louça

马克杯

caneca

碗

caçarola

筷子

hashi

长柄勺

concha de sopa

铲子

espátula

搅拌器

batedor

滤网

escorredor

筛子

peneira

磨碎机

ralador

研钵

almofariz

烧烤

churrasqueira

明火

lareira

菜板

tábua de cortar

擀面杖

rolo da massa

开瓶器

saca-rolhas

罐子

lata

开罐器

abridor de latas

隔热手套

pegador de panela

水槽

pia

刷子

escova

海绵

esponja

搅拌机

liquidificador

冷藏箱

congelador

奶瓶

mamadeira

水龙头

torneira

供暖设备
aquecimento

淋浴
ducha

毛巾
toalha

浴帘
cortina de chuveiro

泡沫浴
banho de espuma

浴缸
banheira

玻璃杯
copo

洗衣机
lava-roupa

水龙头
torneira

瓷砖
azulejos

便壶
penico

水槽
pia

厕所

vaso sanitário

蹲便器

lavabo de agachar

坐浴器

bidê

小便池

mictório

厕纸

papel higiênico

马桶刷

escova de privada

牙刷

escova de dentes

牙膏

pasta de dentes

牙线

fio dental

洗

lavar

手持式喷淋头

ducha de mão

冲洗器

ducha íntima

洗脸盆

bacia

擦背刷

escova para as costas

肥皂

sabonete

沐浴露

gel de banho

洗发水

xampu

法兰绒

toalha de rosto

排水

escoamento

乳霜

creme

除臭剂

desodorante

浴室 - banheiro

镜子

espelho

手镜

espelho de mão

剃须刀

barbeador

剃须泡沫

espuma de barbear

须后水

loção pós-barba

梳子

pente

刷子

escova

吹风机

secador de cabelo

喷发定型剂

spray de cabelo

化妆品

maquiagem

唇膏

batom

指甲油

esmalte de unhas

化妆棉

algodão

指甲剪

tesoura para unhas

香水

perfume

洗漱包
nécessaire

凳子
banquinho

计重秤
balança

浴袍
roupão de banho

橡胶手套
luvas de borracha

卫生棉条
absorvente interno

卫生巾
absorvente íntimo

化学厕所
banheiro químico

闹钟
despertador

毛绒玩具
boneco de pelúcia

玩具车
carrinho de brinquedo

拨浪鼓
chacoalho

玩具屋
casa de bonecas

礼物
presente

气球

balão

床

cama

（洋娃娃用）婴儿车

carrinho de bebê

扑克牌

jogo de cartas

拼图

quebra-cabeças

漫画

revista de quadrinhos

乐高积木

peças de Lego

积木玩具

blocos de construção

玩具人

figura de ação

婴儿服

macaquinho de bebê

飞盘

frisbee

床铃玩具

móbile para bebé

棋盘游戏

jogo de tabuleiro

骰子

dados

火车模型

trenzinho elétrico

安抚奶嘴

chupeta

聚会

festa

绘本

livro ilustrado

球

bola

洋娃娃

boneca

玩

brincar

沙坑

caixa de areia

秋千

balanço

玩具

brinquedos

游戏机

videogame

三轮车

triciclo

泰迪熊

ursinho de pelúcia

衣柜

guarda-roupa

衣服

vestuário

袜子

meias

长袜

meias pelo joelho

紧身裤

meias-calças

围巾
cachecol

雨伞
guarda-chuva

T恤
camiseta

皮带
cinto

靴子
botas

拖鞋
chinelos

运动鞋
tênis

凉鞋
sandálias

鞋
sapatos

雨靴
botas de borracha

内裤
roupa de baixo

胸罩
sutiã

背心
camiseta de baixo

衣服 - vestuário

身体
body

裤子
calças

牛仔裤
jeans

短裙
saia

女式衬衫
blusa

衬衫
camisa

套头衫
pulôver

卫衣
suéter com capuz

西装夹克
blazer

夹克
jaqueta

外套
casaco

雨衣
gabardine

套装
traje

连衣裙
vestido

婚纱
vestido de casamento

衣服 - vestuário

西装
terno

睡袍
camisola

睡衣
pijama

莎丽
sari

头巾
lenço de cabeça

包头巾
turbante

波卡
burca

卡夫坦
cafetã

(阿拉伯式)长袍长袍
abaya

泳衣
maiô

男式泳裤
sunga

短裤
shorts

运动服
roupa de treino

围裙
avental

手套
luvas

衣服 - vestuário

纽扣

botão

眼镜

óculos

手链

pulseira

项链

colar

戒指

anel

耳环

brinco

便帽

boné

衣架

cabide

帽子

chapéu

领带

gravata

拉链

zíper

头盔

capacete

背带

suspensórios

校服

uniforme escolar

制服

uniforme

围兜
babador

安抚奶嘴
chupeta

尿不湿
fralda

服务器
servidor

文件柜
armário de arquivos

打印机
impressora

显示屏
monitor

纸
papel

鼠标
mouse

办公桌
escrivaninha

文件夹
pasta

键盘
teclado

废纸筐
cesto de lixo

电脑
computador

椅子
cadeira

咖啡杯
xícara de café

计算器
calculadora

因特网
internet

笔记本电脑
laptop

信件
carta

消息
mensagem

手机
celular

网络
rede

复印机
copiadora

软件
software

电话
telefone

插座
tomada

传真机
fax

表格
formulário

文件
documento

买

comprar

付钱

pagar

交易

negociar

现金

dinheiro

 USD

美元

Dólar

 EUR

欧元

Euro

 JPY

日元

Yen

 RUB

卢布

rublo

 CHF

瑞士法郎

franco suíço

 CNY

人民币

renminbi yuan

 INR

卢比

rupia

提款处

caixa eletrônico

外币兑换处

casa de câmbio

金

ouro

银

prata

石油

petróleo

能源

energia

价格

preço

合同

contrato

税金

imposto

股票

ação

工作

trabalhar

职员

empregado

老板

empregador

工厂

fábrica

商店

loja

警官
policial

消防员
bombeiro

厨师
cozinheiro

医生
médico

飞行员
piloto

园丁

jardineiro

木匠

marceneiro

裁缝

costureira

法官

juiz

化学家

químico

演员

ator

公交车司机

motorista de ônibus

出租车司机

motorista de táxi

渔夫

pescador

清洁女工

faxineira

屋顶工

telhador

服务员

garçom

猎人

caçador

画家

pintor

面包师

padeiro

电工

eletricista

建筑工人

construtor

工程师

engenheiro

屠夫

açougueiro

水管工

encanador

邮递员

carteiro

士兵
soldado

建筑师
arquiteto

收银员
caixa

花农
florista

理发师
cabelereiro

售票员
condutor

机械师
mecânico

船长
capitão

牙医
dentista

科学家
cientista

拉比
rabino

伊玛目
imam

和尚
monge

牧师
pastor

铁锤
martelo

钳子
alicate

螺丝刀
chave de fenda

扳手
chave inglesa

手电筒
lanterna

挖掘机
escavadora

工具箱
caixa de ferramentas

梯子
escada de mão

锯子
serra

钉子
pregos

钻机
furadeira

修
consertar

铲子
pá

靠！
Droga!

簸箕
pá de lixo

油漆桶
pote de tinta

螺丝
parafusos

乐器
instrumentos musicais

扬声器
alto-falante

打击乐器
bateria

吉他
guitarra

低音提琴
contrabaixo

小号
trompete

钢琴
piano

小提琴
violino

贝斯
baixo

定音鼓
timbales

鼓
tambor

电子琴
teclado

萨克斯管
saxofone

长笛
flauta

麦克风
microfone

老虎
tigre

入口
entrada

笼子
gaiola

斑马
zebra

动物饲料
ração animal

熊猫
panda

动物
animais

大象
elefante

袋鼠
canguru

犀牛
rinoceronte

大猩猩
gorila

熊
urso

骆驼

camelo

鸵鸟

avestruz

狮子

leão

猴子

macaco

火烈鸟

flamingo

鹦鹉

papagaio

北极熊

urso polar

企鹅

pinguim

鲨鱼

tubarão

孔雀

pavão

蛇

cobra

鳄鱼

crocodilo

动物园管理员

guarda do zoológico

海豹

foca

美洲豹

jaguar

矮种马

pônei

豹

leopardo

河马

hipopótamo

长颈鹿

girafa

老鹰

águia

野猪

javali

鱼

peixe

龟

tartaruga

海象

morsa

狐狸

raposa

羚羊

gazela

动物园 - zoológico

体育
esportes

橄榄球
futebol americano

骑自行车
ciclismo

网球
tênis

篮球
basquete

游泳
natação

拳击
boxe

冰球
hóquei no gelo

英式足球
futebol

羽毛球
badminton

田径
atletismo

手球
handebol

滑雪
esqui

马球
polo

笑
rir

跳
pular

拥抱
abraçar

走路
andar

唱
cantar

做梦
sonhar

祈祷
rezar

亲吻
beijar

书写
escrever

画
desenhar

展示
mostrar

推
empurrar

给
dar

拿
tomar

活动 - atividades

63

有
ter

做
fazer

当
ser

站
ficar de pé

跑
correr

拉
puxar

扔
jogar

摔倒
cair

躺
deitar

等待
esperar

携带
carregar

坐
sentar

穿衣
vestir

睡觉
dormir

醒来
despertar

看
olhar para

哭
chorar

抚摸
acariciar

梳头
pentear

交谈
falar

明白
entender

问
perguntar

听
ouvir

喝
beber

吃
comer

清理
arrumar

爱
amar

做饭
cozinhar

开车
dirigir

飞
voar

航行
velejar

计算
calcular

读
ler

学习
aprender

工作
trabalhar

结婚
casar

缝
costurar

刷牙
escovar os dentes

杀
matar

抽烟
fumar

寄
enviar

família

祖母
avó

祖父
avô

父亲
pai

母亲
mãe

婴童
bebê

女儿
filha

儿子
filho

客人
convidado

阿姨
tia

叔叔
tio

兄弟
irmão

姐妹
irmã

前额
testa

眼睛
olho

肩膀
ombro

手指
dedo

脸
rosto

下巴
queixo

手
mão

乳房
peito

腿
perna

手臂
braço

婴童

bebê

男人

homem

女人

mulher

女孩

menina

男孩

menino

头

cabeça

背部
costas

肚子
barriga

肚脐
umbigo

脚趾
dedo do pé

脚后跟
calcanhar

骨头
osso

臀部
anca

膝盖
joelho

手肘
cotovelo

鼻子
nariz

屁股
nádegas

皮肤
pele

脸颊
bochecha

耳朵
orelha

嘴唇
lábio

身体 - corpo

嘴
boca

牙齿
dente

舌头
língua

脑
cérebro

心脏
coração

肌肉
músculo

肺
pulmão

肝脏
fígado

胃
estômago

肾脏
rins

性交
relações sexuais

避孕套
preservativo

卵子
óvulo

精子
esperma

怀孕
gravidez

月经

menstruação

阴道

vagina

阴茎

pênis

眉毛

sobrancelha

头发

cabelo

脖子

pescoço

医院
hospital

救护车
ambulância

轮椅
cadeira de rodas

骨折
fratura

医生

médico

急诊室

pronto-socorro

护士

enfermeira

紧急情况

emergência

昏迷

inconsciente

痛

dor

受伤

ferimento

出血

hemorragia

心脏病发作

ataque cardíaco

中风

cidente vacular cerebral

过敏

alergia

咳嗽

tosse

发烧

febre

流感

gripe

腹泻

diarreia

头痛

dor de cabeça

癌症

câncer

糖尿病

diabetes

外科医生

cirurgião

手术刀

bisturi

手术

operação

CT

CT

X光

raio x

超声波

ultrassom

口罩

máscara

疾病

doença

候诊室

sala de espera

拐杖

muleta

石膏

bandeide

绷带

ligadura

注射

injeção

听诊器

estetoscópio

担架

maca

体温计

termômetro

出生

nascimento

超重

excesso de peso

助听器
aparelho auditivo

消毒液
desinfetante

感染
infecção

病毒
vírus

艾滋病
HIV / AIDS

药物
medicamento

接种疫苗
vacinação

药片
comprimidos

药丸
pílula

急救电话
chamada de emergência

血压计
dispositivo de medição de
pressão arterial

生病/健康
doente / saudável

救命！

Socorro!

警报

alarme

突击

assalto

攻击

ataque

危险

perigo

紧急出口

saída de emergência

着火啦！

Fogo!

灭火器

extintor de incêndios

意外

acidente

急救箱

maleta de primeiros
socorros

呼救信号

SOS

警察

polícia

欧洲
Europa

北美洲
América do Norte

南美洲
América do Sul

非洲
África

亚洲
Ásia

澳洲
Austrália

大西洋
Atlântico

太平洋
Pacífico

印度洋
Oceano Índico

南冰洋
Oceano Antártico

北冰洋
Oceano Ártico

北极
Polo Norte

南极

Polo Sul

南极洲

Antártica

地球

Terra

陆地

terra

海

mar

岛

ilha

国家

nação

国家

estado

钟面

mostrador do relógio

时针

ponteiro das horas

分针

ponteiro dos minutos

秒针

ponteiro dos segundos

现在几点？

Que horas são?

天

dia

时间

tempo

现在

agora

电子表

relógio digital

分

minuto

时

hora

周一 segunda-feira
周三 quarta-feira
周五 sexta-feira
周二 terça-feira
周四 quinta-feira
周六 sábado
周日 domingo

昨天

ontem

今天

hoje

明天

amanhã

早晨

manhã

中午

meio-dia

晚上

entardecer

工作日

dias úteis

周末

fim de semana

彩虹
arco-íris

雨
chuva

风
vento

雪
neve

春
primavera

夏
verão

秋
outono

冬
inverno

天气预报
previsão do tempo

温度计
termômetro

阳光
raio de sol

云
nuvem

雾
neblina / nevoeiro

潮湿
umidade do ar

闪电

relâmpago

打雷

trovão

风暴

tempestade

冰雹

granizo

季风

monção

洪水

inundação

冰

gelo

一月

janeiro

二月

fevereiro

三月

março

四月

abril

五月

maio

六月

junho

七月

julho

八月

agosto

年 - ano

九月

setembro

十月

outubro

十一月

novembro

十二月

dezembro

圆形

círculo

正方形

quadrado

长方形

retângulo

三角形

triângulo

球体

esfera

立方体

cubo

白

branco

黄

amarelo

橙

laranja

粉

rosa

红

vermelho

紫

lilás

蓝

azul

绿

verde

棕

marrom

灰

cinza

黑

preto

反义词
opostos

很多/少许

muito / pouco

生气/平静

furioso / tranquilo

美/丑

lindo / feio

首/尾

começo / fim

大/小

grande / pequeno

明/暗

claro / escuro

兄弟/姐妹

irmão / irmã

干净/肮脏

limpo / sujo

完整/缺失

completo / incompleto

白天/晚上

dia / noite

死/生

morto / vivo

宽/窄

largo / estreito

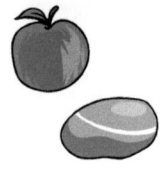

可食用/非食用

comestível / não comestível

邪恶/善良

mau / gentil

兴奋/无聊

entusiasmado / entediado

胖/瘦

gordo / magro

第一/最后

primeiro / último

朋友/敌人

amigo / inimigo

满/空

cheio / vazio

硬/软

duro / macio

重/轻

pesado / leve

饿/渴

fome / sede

生病/健康

doente / saudável

非法/合法

ilegal / legal

聪明/愚笨

inteligente / idiota

左/右

esquerda / direita

近/远

perto / longe

新/旧

novo / usado

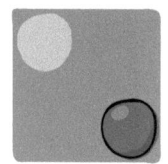

没有/有些

nada / alguma coisa

老/幼

velho / jovem

开/关

ligado / desligado

打开/合上

aberto / fechado

安静/吵闹

baixo / alto

富/穷

rico / pobre

对/错

certo / errado

粗糙/光滑

áspero / liso

伤心/高兴

triste / feliz

短/长

curto / longo

慢/快

lento / rápido

湿/干

molhado / seco

温暖/凉爽

ameno / fresco

战争/和平

guerra / paz

0

零

zero

1

一

um

2

二

dois

3

三

três

4

四

quatro

5

五

cinco

6

六

seis

7

七

sete

8

八

oito

9

九

nove

10

十

dez

11

十一

onze

12
十二
doze

13
十三
treze

14
十四
quatorze

15
十五
quinze

16
十六
dezesseis

17
十七
dezessete

18
十八
dezoito

19
十九
dezenove

20
二十
vinte

100
百
cem

1.000
千
mil

1.000.000
百万
milhão

语言
idiomas

英语
inglês

美式英语
inglês americano

普通话
chinês mandarim

印地语
hindi

西班牙语
espanhol

法语
francês

阿拉伯语
árabe

俄语
russo

葡萄牙语
português

孟加拉语
bengalês

德语
alemão

日语
japonês

我

eu

你

você

他/她/它

ele / ela

我们

nós

你们

vocês

他们

eles / elas

谁？

quem?

什么？

O quê?

怎样？

como?

哪里？

onde?

什么时候？

Quando?

名字

nome

后面

atrás

里面

em

前面

na frente de

上方

sobre

上面

em cima

下面

debaixo

旁边

do lado

中间

entre

地点

lugar